AF234253

ACADÉMIE DES SCIENCES ET BELLES LETTRES D'ANGERS

SÉANCE SOLENNELLE DU 1ᵉʳ JUILLET 1886

POUR

LA CÉLÉBRATION DU DEUXIÈME CENTENAIRE DE LA FONDATION

ÉLOGE

DE

FRANÇOIS GRIMAUDET

AVOCAT DU ROI AU PRÉSIDIAL D'ANGERS

(1520-1580)

PAR

ALFRED DE VILLIERS

AVOCAT A LA COUR D'APPEL

SECRÉTAIRE DE L'ACADÉMIE DES SCIENCES ET BELLES LETTRES D'ANGERS

ANGERS

A. DEDOUVRES, IMPRIMEUR DE LA COUR D'APPEL

34, RUE DU CORNET, 34

1887

ÉLOGE

DE

François GRIMAUDET

Ln 27
36993

ACADÉMIE DES SCIENCES ET BELLES LETTRES D'ANGERS

SÉANCE SOLENNELLE DU 1er JUILLET 1886

POUR

LA CÉLÉBRATION DU DEUXIÈME CENTENAIRE DE LA FONDATION

ÉLOGE

DE

FRANÇOIS GRIMAUDET

AVOCAT DU ROI AU PRÉSIDIAL D'ANGERS

(1520-1580)

PAR

ALFRED DE VILLIERS

AVOCAT A LA COUR D'APPEL

SECRÉTAIRE DE L'ACADÉMIE DES SCIENCES ET BELLES LETTRES D'ANGERS

ANGERS

A. DEDOUVRES, IMPRIMEUR DE LA COUR D'APPEL

34, RUE DU CORNET, 34

1887

ÉLOGE

DE

FRANÇOIS GRIMAUDET

Avocat du Roi au Présidial d'Angers

(1520–1580)

L'Anjou n'a cessé de fournir à la France des serviteurs dévoués; bien souvent il a eu l'honneur de lui donner des hommes éminents, distingués entre tous par leur talent, leur mérite, leur savoir et leurs vertus. Parmi eux certainement a sa place François Grimaudet, avocat du Roi, au Présidial d'Angers, au xvi⁰ siècle.

D'autres ont rempli sur la scène du monde un rôle plus brillant, mais on ne saurait trouver ni plus belle figure, ni plus noble caractère. Mêlé à des luttes ardentes, il conserva, au milieu des partis divisés, sa fierté et son indépendance, prêt à payer de sa vie, ne cherchant que l'apaisement des haines et le bien de l'État.

Il m'est agréable de rendre hommage à la mémoire
d'un de ceux qui ont le plus honoré le barreau et la
magistrature de la province d'Anjou.

François Grimaudet naquit en 1520, à Angers.

D'après M. Célestin Port (1), son père était un
maître apothicaire, qui devint échevin en 1504; sa
mère, Guillelmine Béraut, était fille d'un procureur
fiscal de Laval. Parlant des origines de la famille
Grimaudet, qui s'est continuée en Anjou sous le nom
de Grimaudet de Rochebouet, Pocquet de Livonnière
dit dans ses notes qu'elle pourrait bien descendre
d'un sieur Grimaldi, venu en notre province avec
Louis II, dont il fut l'argentier.

François Grimaudet épousa Guionne Bonvoisin ;
du mariage naquirent un fils et une fillle, François
et Renée.

Après avoir acquis dans la science du droit des
connaissances déjà fort étendues, François Grimaudet
vint prendre place au barreau d'Angers. D'éclatants
succès signalèrent ses débuts. Il fut bien vite en pos-
session de la sympathie, de l'estime et de la confiance
de tous. Sa réputation grandit rapidement, et l'on

---

(1) *Dictionnaire historique, géographique et biographique* de
Maine-et-Loire. Tome II. p. 311.

venait de loin pour obtenir, dans la direction des affaires ses sages conseils, ou pour solliciter l'appui à la barre de sa parole autorisée. Juges et plaideurs appréciaient la grande probité, le sens droit, et aussi la consciencieuse énergie qu'il apportait à la défense des intérêts qui lui étaient confiés. Mais bientôt la magistrature l'enleva au barreau, et certainement ses confrères ne le virent pas s'éloigner sans regret, se rappelant avec ses aimables qualités, les exemples de dignité professionnelle et d'amour du devoir, qu'il leur avait donnés.

François Grimaudet fut nommé conseiller au Présidial d'Angers, puis, en 1558 — à l'âge de 38 ans —, il était installé en qualité d'avocat du Roi, *patronus causarum fisci*, suivant l'expression de Claude Ménard (1). Dans l'exercice de ses nouvelles fonctions, son application, dit un historien, fut de protéger l'innocence et de punir le crime. C'est le plus parfait éloge qu'on ait pu faire de l'avocat du Roi. La charge de Grimaudet, qui correspondait au rôle

---

(1) Auteur angevin, né à Saumur le 1er septembre 1574, mort au château d'Ardenne, à Corzé, le 20 janvier 1652. De 1604 à 1617, il occupa la charge de lieutenant civil et criminel de la Prévôté. Après la mort de sa femme, il avait obtenu de l'évêque de Rueil l'ordre de prêtrise (juillet 1637).

du ministère public, n'était-elle pas, en maintenant
l'ordre social, en poursuivant le coupable, d'assurer
aide et protection au faible et à l'opprimé, placés
sous la sauvegarde et la tutelle de la loi? La défense
des petits et des humbles était bien dans le caractère
de François Grimaudet; elle répondait et s'imposait
aux instincts de sa généreuse nature. Serviteur de la
loi, qu'il plaçait avant toute autorité, il voulait en
donner l'appui à ceux qui ne peuvent se défendre. Il
devait, au cours de sa carrière, et peu de temps après
son entrée dans les fonctions d'avocat du Roi, en
fournir une preuve éclatante. Nous arrivons, en effet,
à la partie la plus intéressante de la vie de François
Grimaudet, au moment où sa personnalité est plus
particulièrement mise en relief dans nos annales
angevines.

Nous sommes en 1560. Le trône de France est
occupé par François II, époux de l'infortunée Marie
Stuart. Le pays est en proie à des guerres intestines,
des questions religieuses divisent en deux camps les
enfants de la même patrie. Une lutte fratricide est
engagée, elle va ensanglanter le sol de notre France.
Des troubles se produisent, ayant pour cause outre
les querelles religieuses, les abus et le désordre dans
l'administration de l'État.

François II mourut le 5 décembre 1560, avant l'assemblée générale des Etats du Royaume, qu'il avait ordonnée. La réunion particulière des Etats d'Anjou fut faite au palais d'Angers, le 14 octobre 1560.

Grimaudet dut applaudir à la convocation; il était profondément dévoué au gouvernement monarchique, mais comme il le dit dans ses ouvrages, il voulait que ce gouvernement s'appuyât sur l'autorité des Etats; il regardait comme l'ancien droit du peuple français de s'assembler et de communiquer avec ses rois sur les affaires. Pour cet esprit libéral, il y avait d'abord l'avis des Etats et la loi, que le Roi devait faire respecter et respecter lui-même.

Les Etats d'Anjou s'ouvrirent le 14 octobre 1560 sous la présidence de M. Le Rat, lieutenant général d'Angers. Près de lui se tenaient Quettier, prévôt des maréchaux, Charles de Ris, dit Salvert, François Grimaudet, avocat du Roi, et plusieurs autres officiers.

Un incident se produisit au commencement des séances. Nous en trouvons le récit dans le Journal de Louvet (1) un greffier qui nous a laissé de très

____

(1) Jean Louvet, clerc du greffe civil du Présidial d'Angers, mort en cette ville le 4 novembre 1636. — Le Journal de Louvet a été publié intégralement dans la *Revue de l'Anjou* 1854-1856.

intéressants manuscrits, publiés dans la *Revue de l'Anjou*. Il y eut un grand tumulte. Ceux qui tenaient pour le parti huguenot, avaint mis à leurs chapeaux des mouchoirs pour se reconnaître plus facilement. Ce fut ce qu'on a appelé la *journée des mouchoirs*.

La parole fut donnée à François Grimaudet. Il prononça, dit le bénédictin Roger (1) une harangue « excellente pièce, pleine de doctrine et de zèle à l'honneur du Roy et au bien du peuple, mais indiscrète et téméraire en quelques points de la doctrine et police ecclésiastique ».

Ce discours, qui a pour titre : *Remontrances aux États d'Angers*, nous est parvenu.

Les sentiments d'indépendance et de loyale franchise dont il est empreint, font grand honneur à celui qui l'a prononcé. Il y avait bien quelque courage à s'exprimer si librement. Les huguenots savaient que Grimaudet n'appartenait pas à leur parti; les catholiques, les religionnaires, comme on disait alors, pouvaient-ils d'un autre côté, lui pardonner de s'indigner contre les abus et les excès qu'ils commettaient? Il était appelé, comme tout homme sage, qui blâme et

---

(1) Historien angevin, mort le 9 novembre 1694.

réprouve la violence, à être victime des fureurs des partis. On a dit avec raison que le chancelier Michel de l'Hôpital, un des beaux caractères de cette époque troublée, était un hérétique pour les ligueurs, dont il cherchait à réprimer le fanatisme et à modérer l'ardeur.

Grimaudet osa s'élever au-dessus des partis, et quelles qu'aient été son opinion et ses sympathies, uniquement préoccupé du bien public, il n'hésita pas à condamner ce qui lui paraissait blâmable ; il semble avoir pris, au péril de ses biens, de sa liberté, de sa vie (l'évènement le prouva) cette devise : « Quoiqu'il arrive, tout pour mon pays ! », tout pour mon pays auquel je veux assurer, dans la mesure de mon pouvoir, l'ordre, la prospérité et la gloire, par le respect des lois, par la concorde et par l'union.

Voyons plutôt quel fier langage tint aux Etats de 1560 l'avocat du Roi François Grimaudet.

« Sont exprimées, dit-il, trois causes de ladite assemblée : la première pour ouïr les doléances de toutes personnes ; la seconde pour composer et pacifier les troubles de la religion ; la troisième pour soulager le peuple des tributs et impôts qui tant le foulent qu'il est courbé. La principale, pour la triste face des affaires présentes, est la religion... Quant au premier point, qui est des sacrements et choses spirituelles, lorsqu'elles sont mises en dispute par tel et un si grand nombre que le glaive du prince et l'autorité du magistrat n'y peuvent donner ordre et maintenir l'ancienne doctrine en son entier, telles contentions se doivent terminer aux Etats généraux de la chrétienté, c'est-à-dire en concile général et universel. » — « Et quand on dit concile d'Église, ajoutait Grimaudet, se doit entendre composé de tous ses membres, et non des évêques seuls ; pour tout cette question appartient aux princes chrétiens, aux évêques et au peuple en général ». Cette proposition avait, paraît-il, un caractère schismatique. Comme nous aurons occasion de le dire plus loin, la Sorbonne la censura avec d'autres déclarations contenues dans le discours de François Grimaudet.

L'avocat du Roi s'éleva avec énergie contre les abus du Clergé. Il n'obéissait ni à la passion ni au parti-pris. Ses œuvres, sa vie tout entière témoignent de son profond attachement aux idées religieuses. Il pensait avec raison que la religion a droit à tout respect quand, résumant les règles de la loi morale, elle enseigne à faire le bien, à ne léser personne, à donner à chacun ce qui lui appartient, et quand pour consoler celui qui souffre, elle lui fait entrevoir,

après les douleurs du présent, les compensations
d'un monde meilleur. Mais elle ne doit pas être, en
des mains peu scrupuleuses, un instrument de domi-
nation, un moyen de lucre, un objet d'exploitation.
Le spectacle dont il était témoin révoltait Grimaudet.
Ne confondant pas la religion avec ses ministres, il
respectait l'une et méprisait les autres. Voici en quels
termes s'exprimait Grimaudet :

« Or, ne fût oncques saisons qui requit plus rigou-
reuse et sévère réformation de la vie des prêtres que
le temps présent, où voyons des prêtres n'avoir rien
de religion, être opposites et contraires à ceux de la
primitive Église, qui étaient pauvres des biens du
monde, riches en choses spirituelles, instruits et
savants en la loi de Dieu, travaillant jour et nuit à
instruire le peuple, lui enseigner l'Evangile, vivant
en sainteté, intégrité de vie, chaste amour et union.
Les prêtres d'aujourd'hui sont riches des biens du
monde, pauvres des biens spirituels, vivant en délices
le jour et la nuit..... Comme dit saint Hiérosme des
prêtres de son temps : « Ils ont faussé la loi de Dieu,
l'ont divisée, sont causes des schismes pour le scan-
dale de leur mauvaise vie.....

Ils ont tourné les œuvres de piété en quête sordide,

de l'administration des sacrements en ont fait
magasin et boutique de marchandises. »

François Grimaudet parle ensuite de la noblesse :

« S'il y a, dit-il, des fautes et abus en l'état de
l'Eglise, aussi y en a-t-il en l'état de Noblesse,
laquelle premièrement a été engendrée par la vertu
héroïque des prédécesseurs des nobles qui, par armes,
ont secouru le roi et le royaume. Pour récompense de
leur vertu, eux et leur postérité ont été annoblis et
affranchis de tous tributs et subsides qui se payent
par le commun: pour marque perpétuelle de leurs
illustres faits et familles, ont été honorés d'armes
imprimées en leurs écus, significatives de leurs
prouesses, au lieu que les anciens rémunéraient les
bien-mérités de la république, de statues et images
érigées en public.

« Aucuns nobles présents n'ont rien retenu de leurs
anciens pères, fors le nom et armes, lesquels ils ont
diffamés et mis en obscurité par oisiveté. Leur fait
d'armes est de faire assemblées illicites et ports
d'armes contre les édits du roy; sont au village à
battre et outrager le pauvre homme, voler le bien du
pauvre marchand, faire infinies forces au peuple, avec
grand blasphème du nom de Dieu, en grande furie.
Se disent forts et magnanimes comme Hercule, pour

terrasser et intimider le pauvre peuple; et toutefois, en
nécessité des guerres publiques, et lorsqu'il faut
prendre les armes pour la défense du Roy et du
Royaume, sont chrétiens et si débonnaires qu'ils ne
bougent de leurs maisons de peur d'offenser leurs
frères chrétiens, les ennemis du roy et du royaume.
Tels nobles ne sont vrais enfants de leurs prédécesseurs, mais avortons dégénérant de noblesse.

« Parmi les nobles, y a infinies ronces, qui veulent
croître et se mêler entre les nobles; sont infinis faux-
nobles les pères et prédécesseurs desquels ont manié
les armes et fait acte de chevalerie ès-boutiques de
blasterie, vinoterie, draperie, au moulin et ès-fermes
des terres de Seigneurs; et toutefois, quand ils parlent
de leurs lignages, ils sont descendus de la couronne,
extraits du sang de Charlemagne, César et Pompée.
Tels usurpateurs ne sont à souffrir; ils sont à la foule
du peuple, parce qu'ils se veulent décharger des
tributs, et leur cote est départie sur le reste du
commun. Est expédient que tels violents oppresseurs
du peuple soient réformés par le prince, et les usurpateurs de noblesse soient remis en l'état du commun
duquel il se sont voulu dérober. »

L'administration de la justice demande de sérieuses
réformes. Grimaudet est entre tous compétent et

autorisé pour les signaler. Il le fait sans crainte ni faiblesse.

« En cet endroit nous ne pouvons nous contenir de parler des gens de Justice, lesquels, combien qu'ils ne fassent état à part, toutefois ils tiennent lieu en la la République fort éminent. Sur eux est éprouvée la sentence de Caton être véritable, qui est qu'il y a longtemps que nous avons perdu les vrais noms et appellations des choses. Ce mot *Gens de Justice* est le nom de ceux qui séparent le licite d'avec l'illicite, le juste d'avec l'injuste, l'équité d'avec l'iniquité ; et pour ce sont appelés Prélats de la Déesse Justice, desquels la première protestation est mépriser toutes œuvres mercenaires et quêtuaires, parce que la science des droits est très sainte, qui ne se doit souiller par or ni argent. Or les ministres de la justice, qui sont aujourd'hui ne se peuvent attribuer cette qualité, car ils ne font rien sans argent, lequel par aucun est pris si démesurément qu'au lieu de ce mot *Gens de Justice* ils doivent être nommés *Sangsues du Peuple*, qui en tirent et sucent le sang et substance, duquel les affamés s'engraissent, pauvres s'enrichissent, acquèrent les grandes terres et seigneuries, font les somptueux et superbes bâtiments.

« Il y a deux manières de gens qui se disent

ministres des juges et sont à la grande foule du peuple, à savoir greffiers et sergents.

« Pouvons nommer les greffiers les *Bouchers du Peuple*. Ils l'écorchent, ils allongent le parchemin par battologie, superfluité de langage, par grands traits de lettres écrites à longs intervalles; ont petits clercs, rapaces et larrons. Ils sont à la grande foule du peuple et font tant de pilleries, les maitres et valets, qu'en un moment ils sont des plus riches du palais. Il est nécessaire, pour le bien de justice, restreindre leur salaire à la moitié de ce qu'ils prennent par coutume et corruptelle, et réformer leur forme d'écrire.

« Les autres ministres des Juges sont les sergents, que l'on peut appeler les *Harpies et Griffons du peuple*. Sous le nom du roy, par l'autorité duquel ils exécutent les décrets de justice, ils font infinies oppressions, concussions et exactions.....

« Tous ces maux de la distribution de justice sont cause de ce que les juges et officiers sont perpétuels, de ce qu'ils sont autorisés par le Roy de prendre leur salaire des parties litigantes. Pour y donner ordre est requis supplier le roy, si les affaires le peuvent porter, rembourser tous les juges de l'argent par eux déboursé.

« Et si les affaires du roy sont si grandes qu'il n'y puisse fournir, sera profitable au pays que le peuple les rembourse ; et supplier le roy qu'il lui plaise ordonner que la justice sera distribuée par juges et magistrats qui, de trois en trois ans, seront choisis et présentés au roy par les Etats. Et, pour leur ôter l'occasion de larronner, leur assigner suffisants et honnêtes gages, selon leur qualité ; leur défendre de rien prendre du peuple pour quelque cause que ce soit, sur peine de vie ; outre ordonner qu'à la fin des trois ans chacun desdits juges sera sujet au syndicat, pour ouïr les plaintes et doléances que le peuple voudra faire contre eux, comme a été gardé et observé en l'administration de l'empire romain.

« En cet endroit convient parler de la Poterne ou fausse-porte de justice ; c'est la cour de l'Eglise, à laquelle tous méchants prêtres et tonsurés, homici-diaires, parricides, larrons, voleurs, faux-monnoyeurs et sacrilèges, sont renvoyés comme à un asile et fran-chise de leurs délits, en laquelle nul n'est si méchant et malheureux qu'il ne soit sauvé. Et pouvons dire de cette cour que c'est la forêt en laquelle tels voleurs se retirent et, par une connivence publique, se mussent, latitent et sont rendus impunis de tous méfaits.

« Ce privilége des prêtres d'être seulement jugés par eux est du droit positif et donné par les empereurs Constantin, Théodose, Justinien et autres princes qui depuis ont régné. Mais puisque l'usage nous enseigne que les gens d'église ont tellement abusé du privilège, que, par le moyen d'icelui, ils troublent le règne public et offensent les bons, leurs crimes et délits demeurent impunis, et la maison de Dieu est faite caverne et spélonque de larrons, est expédient supplier le roy pourvoir sur l'abolition ou modération de tels privilèges, ainsi que trop mieux par son conseil il trouvera être à faire; relaissant toutefois aux gens d'église juridiction ès-causes spirituelles et sacramentelles seulement. »

Après avoir énergiquement signalé les réformes à faire pour le clergé, la noblesse et les gens de Justice, l'avocat au Présidial plaide avec chaleur la cause du Tiers-Etat. Il expose sa misère.

« Reste le Tiers-Etat, lequel nous trouvons sans macule publique. C'est celui qui soutient les guerres, en temps de paix entretient le roy, laboure la terre, fournit de toutes choses nécessaires à la vie de l'homme; toutefois est grandement taillé de subsides et taxes insupportables. Le roy et messieurs de son conseil en ont eu pitié, ont commencé à lui faire diminution des tributs qu'il payait : est nécessaire faire remontrance à Sa Majesté de l'indigence de ce pauvre commun, auquel sont tant imposées de tailles qu'il travaille jour et nuit, et ne peut, du salaire de ses journées et labeur de ses mains, fournir à les payer ; et pour suppléer, est souvent contraint de vendre sa vache, son porc, son lit, ne manger et boire que du pain et de l'eau, et coucher sur la dure.

« Autre tribut travaille et moleste le Tiers-Etat, sans le sceu du roy, c'est la gabelle du sel, duquel le *Bonhomme* porterait patiemment le profit que le roy en reçoit, n'était qu'il y a des marchands, fermiers, grenetiers, contrôleurs, greffiers et archers de la gabelle, lesquels vont ès-maisons des pauvres gens, remuent leurs lards et tout ce peu de meubles que Dieu leur a donnés ; et le plus souvent s'en emparent, font ajourner les pauvres à comparoir pardevant eux aux villages ou n'y a aucun conseil : se montrent au peuple en grande furie et crainte, armés de pistoles, pistolets et long-bois ; font aux rustiques procès extraordinaires, les arrêtent prisonniers, exécutent de leurs bœufs, chevaux et charrettes, tellement qu'en une seule matinée, par leur action, ils ruinent quarante et cinquante pauvres rustiques qu'ils

envoient à l'aumône ; et se trouvera en ce pays
d'Anjou qu'ils en ont ruiné plus de mille.

« Le malheur est que plusieurs archers de gabelle,
sous l'ombre d'icelle et puissance de porter armes
défendues, volent, frappent et tuent, comme a été
vérifié en plusieurs procès qui ont été faits contre eux,
pour raison desquels plusieurs ont été condamnés et
exécutés à mort. Le pauvre *Bonhomme* est comme la
brebis qui tend le dos pendant qu'on lui ôte la laine.
Il est pauvre, destitué de biens et d'amis contre la
richesse, et support des fermiers et officiers du
grenier.

« Dieu commande à vous, Messieurs les nobles et
de l'Eglise, qui avez les biens du monde, prendre la
cause de ces pauvres rustiques en main et porter
leurs plaintes au roy. Il est prince clément et débon-
naire, gouverné et conduit par une très-excellente,
très-sage et très-pitoyable dame, Madame sa mère,
par très-prudents et sages princes et seigneurs, ama-
teurs du peuple. Il aura volontiers cette plainte la
plus juste et plus lamentable qui sera faite aux Etats.
Le moyen d'y remédier est le supplier recevoir le
peuple à amortir ce tribut, comme ont été reçus les
manants et habitants de Poitou : ou, s'il ne lui plaît,
à tout le moins son plaisir soit recevoir le pauvre

peuple à supprimer tous les officiers des greniers, et imposer autant sur le peuple comme il reçoit de profit des greniers; et ce faisant le prince sera sans intérêt, et le peuple soulagé du plus grief tribut qu'il y ait.

« Messieurs, voilà les abus que nous avons trouvés ès-Etats du pays d'Anjou, par lesquels la majesté du roy est grandement violée; et s'ils règnent longuement, il ne pourra retenir sa dignité royale en sa grandeur et excellence de gouvernement, duquel les roys jà décédés ont laissé si grands los et mémoires à la postérité.

« Si tels abus et entreprises contre l'autorité du roy ont cours plus longuement, il est grandement à craindre que ce ne tourne en séditions publiques, assemblées illicites, révoltement des sujets d'avec le prince. Est requis et nécessaire, pour la manutention et conservation des grandeurs, majesté et dignité royales, trancher ces abus.

« Il dépend de notre charge et service que nous devons au roy vous remontrer telles fautes. Et parce qu'à lui seul appartient la réformation de telles corruptions publiques, laquelle il entend faire en ses états, nous ne nous sommes pu contenir au rapport des abus de chacun état, par la grandeur d'iceux, d'user de véhémence, à ce que plus clairement les dits

abus fussent connus et que particulièrement y soit
remédié par le roy.

« Il dépend de vous dresser les dits abus, afin que
le roy clairement les connaisse et que, par sa pru-
dence, et nos seigneurs de son conseil, il y soit pourvu,
soit par concile ou autrement, ainsi que Sa Majesté
avisera. Aussi, suivant la volonté dudit Seigneur,
élirez notables personnes de chacun desdits Etats,
pour envoyer vers lui et faire rapport de ce que par
vous sera arrêté être bon le supplier. »

Les généreux accents de Grimaudet soulevèrent
contre lui bien des colères et d'implacables haines.
L'avocat du Roi s'était exprimé avec la plus entière
indépendance et la plus grande franchise; sans avoir
égard à ses intérêts personnels, il avait frappé partout
où il avait vu une réforme à faire ou un abus à réprimer. L'autorité ecclésiastique s'indigna surtout
des virulentes critiques à l'adresse du clergé. La
Sorbonne trouva qu'il y avait au moins, dans les
Remontrances aux Etats d'Anjou, six propositions
hérétiques, qu'elle se crut obligée de censurer; elle
prononça le 30 avril 1561 la suppression du livre. On
ne voit pas bien ce qu'il y avait d'hérétique dans le
discours de Grimaudet. L'avocat avait fait entendre
le langage de la raison; il avait avec cœur parlé

en faveur des malheureux. L'attitude prise à l'égard de Grimaudet ne s'explique que par la vivacité des luttes de ce temps et l'extrême surexcitation des esprits. Cependant Grimaudet devait s'attendre à plus d'une attaque. Ce n'est pas impunément qu'on engage la lutte contre des préjugés, des excès ou des abus, et qu'on se met en travers des partis. Quoiqu'il en soit, Grimaudet, âme généreuse et sensible, fut très ému des critiques dont il était l'objet. D'après Claude Ménard, il quitta la ville, le 1er août 1562, sans abandonner complètement ses fonctions. Il consacra les loisirs de sa retraite aux consultations et à la composition d'ouvrages remarquables sur la science du droit. Grimaudet s'était retiré plutôt que d'aller, suivant l'édit, faire profession de foi aux mains de l'évêque. Il appartenait au parti catholique. Mais il était avant tout indépendant. Il l'avait montré déjà; il le prouvait encore. Grimaudet rentra à Angers, dit Louvet, dans son journal, après la publication de l'édit de paix, le 7 avril 1563. Il allait être plus que jamais exposé aux vengeances et aux haines des partis qu'avait irrités sa modération.

Sous prétexte de conspiration, il fut emprisonné le 19 février 1568, sur l'ordre du gouverneur. Les démarches de son beau-frère pour obtenir sa liberté

auraient peut-être échoué. si les habitants de la cité,
indignés de cette mesure odieuse, n'avaient par leurs
supplications près du gouverneur, fait ouvrir au
magistrat, victime de sa courageuse attitude, les portes
du château d'Angers.

Quelques années plus tard la vie de Grimaudet fut
fortement menacée, lors des massacres de la Saint-
Barthélemy. On le considérait comme ennemi du
parti catholique, parce qu'il en avait blâmé les
violences ; il devait être compris dans la liste des
huguenots, condamnés à la mort. Une protectiou
puissante le sauva, lui et son frère Jean, argentier du
roi de Navarre. Dans la *Vie de Pierre Ayrault*,
M. Blordier dit que dans les registres de la maison
de Ville, à Angers, on a inséré une lettre de Jean de
Léaumont, seigneur de Puy-Gaillard, gentilhomme
gascon, par laquelle il mande au gouverneur de
Saumur et à M. de la Touche, gouverneur du château
d'Angers « que le roi Charles IX a fait tuer à Paris le
dimanche 24 août 1572 l'amiral de Châtillon et tous
les huguenots de Paris, et qu'ils fassent tuer aussi
tous les huguenots de Saumur et d'Angers. » Au bas
de la lettre on lit :. « Je vous prie de conserver la
maison, la femme et les biens de François Grimaudet,
d'autant que j'en suis prié de la part de Monsieur. »

L'année suivante, le duc d'Anjou voulut s'assurer les services de Grimaudet. Le 2 octobre 1573, il le nommait chef du conseil et maître des requêtes. François Grimaudet prêta serment en cette qualité le 25 mai 1574, et garda ce titre jusqu'à sa mort. Le 6 novembre 1579 il avait été nommé échevin.

Il mourut le 19 août 1580, vers six heures du soir, dit le Journal de Louvet « tenu entre les sçavants pour un docte et grand personniage ».

François Grimaudet a laissé de nombreux ouvrages, presque tous sur la science du droit. En voici la liste à peu près complète :

Commentaria ad edictum de jurisdictione judicum presidialium, publicatum anno 1550. — *De hereticis à principe puniendis et gratia hereseis resipiscentibus facienda.* (1560). — *Remontrances aux Etats d'Anjou* (1561). — *Paraphrase du droict des retraits lignagers* (1564). — *Des causes qui excusent le vol* (1569). — *Paraphrase des droits des usures et traités pignoratifs* (1577). — *Paraphrase du Droict des dixmes ecclésiastiques et inféodées* (1571). — *Des Monnoyes, augment et diminution du prix d'icelles* (1576). — *De la puissance royale et sacerdotale* (1579). — *Opuscules politiques* (1580). Tous ces ouvrages, sauf le traité *De Hereticis*, ont été réunis sous le titre d'*Œuvres de François Grimaudet, sur les matières ecclésiastiques, du droit public et du droit civil* (Amiens et Paris, 1669, in-fol.). M. Célestin Port nous apprend qu'au XVIIᵉ siècle on conservait aussi de Grimaudet en manuscrits un *Traité de la Dignité royale dans l'Eglise*, et des *Annotations sur la coutume.*

Dans le traité de la *Puissance royale et sacerdotale* l'auteur exprime cet avis que l'autorité royale et l'autorité ecclésiastique doivent exercer séparément leur action et ne pas « entreprendre l'une sur l'autre » ; il ajoute : « Ce qui n'a pas toujours eu lieu. »

Renouvelant les critiques qu'il avait formulées avec tant de vigueur aux Etats de 1560, à l'égard du clergé, l'avocat au Présidial dit, au livre des *Dixmes* : « Dégenèrent les abbés de la bonne vie et doctrine des anciens. A leur exemple les moines ont oublié leurs offices des églises qui ont été commises en leur charge ; ils s'en sont sont déchargés sur petits prêtres, qu'ils ont commis en leur place pour vicaires que les abbés présentent aux évêques. »

Les *Opuscules politiques*, travail fort intéressant, contiennent des considérations morales de l'ordre le plus élevé ; nous y retrouvons, sous une forme naïve

et originale, l'opinion de Grimaudet sur les orateurs,
et en particulier les avocats :

« Les orateurs, quand ils sont malins et s'étudient
à surprendre et abuser le peuple, les juges et les
auditeurs, font de grands maux par leur babil et doux
parler, car ils sont volontiers ouïs et vus des rois,
princes du peuple et des juges. Ils leur persuadent ce
qu'ils veulent... »

Peut-être que Grimaudet, dont la parole était
toujours écoutée, a-t-il un peu exagéré, dans cette
appréciation, l'influence des orateurs en général...

Un auteur angevin, Pocquet de Livonniére, a dit
de François Grimaudet : « C'est un des ornements
de la province d'Anjou, il peut être mis au rang des
illustres angevins pour l'érudition et pour la probité,
même pour les disgrâces. » Que dire de plus à la
louange de Grimaudet?

Il mérite bien, en effet, de figurer parmi les
meilleurs, parmi les illustres cet homme de cœur,
dont la conscience honnête protesta toujours, haute-
ment, sans compromission, et sans défaillance, contre
la fraude et l'injustice, qui ne cessa de prendre, en
ses mains généreuses la défense du pauvre et du petit,
et qui, quelque fût le péril, au milieu des passions

déchaînées, ne voulut avoir d'autre but que l'intérêt général et l'honneur du pays.

Ses contemporains ne lui surent pas toujours gré de sa courageuse attitude, de sa fermeté d'âme, de la générosité de ses sentiments. Mais l'histoire lui rend justice, et les persécutions dont il fut l'objet, pour la défense de ses sincères convictions, sont un titre de plus à notre respect, à notre souvenir, et nous rendent plus chère encore sa mémoire vénérée.

Angers, imp. Dedouvres, 34, rue du Cornet

DÉSACIDIFIÉ A SABLÉ
EN : 1991

www.ingramcontent.com/pod-product-compliance
Lightning Source LLC
LaVergne TN
LVHW021801060726
842528LV00003B/1074